介護予防のための ウオーキング

中村容一 著

黎明書房

はじめに

　「ウォーキング」と聞くと，皆さんはどのようなイメージを
お持ちでしょうか？

　「スポーツ」でしょうか，「散歩」でしょうか，あるいは単な
る「移動手段」でしょうか。

　実のところ，これらはすべて正しいとらえ方だといえるでし
ょう。呼称（呼び名）が異なるだけで，共通していることは，
「腰から下の筋肉（下肢筋）をすべて使う身体活動である」と
いうことです。

　ヒトが二本足で歩くようになってからずいぶん年月が経って
います。昔の人は遠方へも徒歩で移動していました。

　しかしながら，近年では徒歩で移動可能な場所へも車，電車，
バス，タクシーといった交通機関を使っています。

　実は，歩くことが少なくなったことが介護が必要になる主な
原因ともいわれています。このことは，昔はそれほど介護が深
刻な問題ではなかったことからもうなずける事実です。

　ですから，日常何気なく移動手段として歩いていることも，
少しやり方を変えれば立派な介護予防になるわけです。

　平成 27 年度の介護保険制度改正によると，「新しい介護予
防・日常生活支援総合事業」を平成 29 年 4 月までにすべての

市町村で実施することが定められています。

　これは，「施策は国で立てますが，事業は地域（行政）単位で進めてください」という意味ととらえられます。

　もっというなら，「地域の中で各個人が主体的に介護予防を実践してください」ということなのです。

　そのような中，個人で介護予防ができる，最も簡単で効果的な方法がウォーキングだと私は考えています。

　本書は，介護予防を目的としたウォーキング指導を実践する方に向けて執筆したものですが，介護予防のためにこれから何か始めようと思っている方，これまで介護予防には無縁だと思っていた方も是非お読みいただき，少しでも多くの方にウォーキングを実践していただきたく思います。

中 村 容 一

目　次

はじめに　1

1章　介護と介護予防

1　介護とは　8

　⑴　介護の定義　8

　⑵　要介護になる原因　8

2　介護予防とは　10

2章　介護予防におけるウォーキングの 必要性とその効果

1　なぜ介護予防にウォーキングが必要なのか　14

2　ウォーキングを奨める際に必要となる環境整備　14

　⑴　歩きたいと思える環境を探す　15

　⑵　歩きたい環境をつくりだす　15

3　ウォーキング実践によるさまざまな効果　16

　⑴　体力の改善を促す　16

　⑵　減量の効果がある　17

　⑶　骨粗鬆症の予防になる　18

　⑷　ストレスの軽減や脳の活性化を促す　18

3

⑸　健康寿命を延す効果がある　18

Column **1**　ウォーキングはがんを予防する⁉　20

3章　ウォーキングの実際

1　奨めたいウォーキングのフォーム　22

2　ウォーキングの強度　23

⑴　自己選択による方法　24

⑵　主観的運動強度（RPE）を用いた方法　24

⑶　脈拍計（心拍計）を用いた方法　26

3　ウォーキングの時間　28

⑴　一般的な推奨時間　28

⑵　歩数計を用いた時間設定　29

⑶　「健康日本 21（第 2 次）」が推奨する歩数　29

⑷　「健康づくりのための身体活動指針（アクティブガイド）」
　　が推奨する時間　31

4　ウォーキングの頻度（回／週）　32

5　ウォーキングを習慣化するには　34

6　ウォーキングシューズの種類と選び方　36

Column **2**　ウォーキングのフォームは気にしない！　38

4章　ウォーキング実践における留意点

1　ウォーキング実践前の留意点　40

⑴　体調のチェック（実践前）―ウォーキングを中止すべき

目　次

　　　場合— 40

　⑵　服装のチェック　41

2　ウォーキング実践中の留意点　42

　⑴　水分補給（実践中）　42

　⑵　体調のチェック（実践中）　42

3　ウォーキング実践後の留意点　43

　⑴　筋肉・関節のケア　43

　⑵　水分補給（実践後）　44

5章　ウォーキング実践における
傷害の予防と応急処置

1　内科的な急性障害　46

　⑴　熱中症　46

　⑵　過換気症候群　50

　⑶　運動誘発性喘息（EIA）　51

　⑷　突然死　52

2　内科的な慢性障害　53

　⑴　貧血　53

3　外科的な急性障害　55

　⑴　捻挫　55

　⑵　腰痛　57

　⑶　頭部の外傷　60

　⑷　骨折　61

4　外科的な慢性障害　65

⑴ 外脛骨障害・足底腱膜炎・種子骨障害・踵骨骨端症
・踵骨下滑液包炎など　65

5　応急（救急）処置　66

⑴ 救急処置（心肺蘇生法）　66

⑵ RICE処置　71

Column 3　ウォーキングは「生きること」から「競うこと」
まで幅広い！　73

付録

ウォーキングプログラム（低体力者用）　76

ウォーキングプログラム（中体力者用）　77

ウォーキングプログラム（高体力者用）　78

参考文献　79

Walking

1章　介護と介護予防

1 介護とは

⑴ 介護の定義

　広辞苑（岩波書店）によると，介護とは，「高齢者・病人などを介抱し，日常生活を助けること」とあります。つまり，普段の生活が自力では困難な状況であり，そのために人の助け（介助）が必要である，ということができます。ただし，「自力では困難な状況」にも段階があり，生活の一部のみ助け（介助）が必要な方，生活全般において助け（介助）が必要な方等さまざまです。

　したがって，介護の定義が簡潔に記されてはいるもののそのとらえ方は多岐にわたります。

　また，身体的に問題はなくても精神的側面において助け（介助）が必要である場合もあります。

　そのような意味から介護の定義は広範なとらえ方が必要になるでしょう。

⑵ 要介護になる原因

　表1の平成25年に厚生労働省から出されたデータは，「要介護度別にみた介護が必要となった主な原因（上位3位）」を示しています。

　全体でみると，脳血管疾患が1位（18.5%），認知症が2位（15.8%），高齢による衰弱が3位（13.4%）となっています。

1章　介護と介護予防

表1　要介護度別にみた介護が必要となった主な原因（上位3位）

（単位：％，平成25年）

要介護度	第1位		第2位		第3位	
総数	脳血管疾患（脳卒中）	18.5	認知症	15.8	高齢による衰弱	13.4
要支援者	関節疾患	20.7	高齢による衰弱	15.4	骨折・転倒	14.6
要支援1	関節疾患	23.5	高齢による衰弱	17.3	骨折・転倒	11.3
要支援2	関節疾患	18.2	骨折・転倒	17.6	脳血管疾患（脳卒中）	14.1
要介護者	脳血管疾患（脳卒中）	21.7	認知症	21.4	高齢による衰弱	12.6
要介護1	認知症	22.6	高齢による衰弱	16.1	脳血管疾患（脳卒中）	13.9
要介護2	認知症	19.2	脳血管疾患（脳卒中）	18.9	高齢による衰弱	13.8
要介護3	認知症	24.8	脳血管疾患（脳卒中）	23.5	高齢による衰弱	10.2
要介護4	脳血管疾患（脳卒中）	30.9	認知症	17.3	骨折・転倒	14.0
要介護5	脳血管疾患（脳卒中）	34.5	認知症	23.7	高齢による衰弱	8.7

（平成25年　国民生活基礎調査の概況　厚生労働省ホームページより）

特に介護予防の観点からは要支援者（要支援 1，2）をまず元気にする必要がありますが，そのほとんどが関節疾患，高齢による衰弱，骨折・転倒が原因で介護が必要になっています。これらは純粋に体力の低下が原因と考えられており，全体の約50% を占めています。

　次に，要介護者（要介護 1 ～ 5）をみてみると，上位のほとんどは脳血管疾患（脳卒中）や認知症が原因となっています。これらは純粋に生活習慣の乱れが原因となって発症する生活習慣病に準ずる疾患（疾病）と考えられており，全体の約 40%を占めています。

※近年では「認知症は生活習慣病である」と言い切っている専門家も多数存在します。

　体力の低下や生活習慣の乱れを改善させる共通の手段としていかに身体活動が重要かこれらの結果より明らかです。

2　介護予防とは

　介護予防という語句（語彙）を辞書で調べると，介護という項目の中に少し説明はあるものの，単独での説明はなく，介護の関連用語の中にも記載はありません。しかしながら，ここ数年は介護よりも介護予防という言葉をより多く耳にするようになりました。

　介護予防の定義はさまざまですが，簡単にいうと「高齢者（介護予防対象者）ができる限り要支援・要介護状態に陥ることなく，健康で生き生きとした生活が送れるよう支援するこ

１章　介護と介護予防

と」とされています。

　2000 年に施行された介護保険法は，2006 年には介護予防の重要性を盛り込んだ内容に改正されました。このことは，被介護者に手厚くケアをおこなっていくという考え方から，介護状態からのいち早い脱却をねらう，という 180 度転換した考え方への移行ととらえることができます。

　介護保険法改正以後今日まで，介護予防に関連のある資格養成講座が開催されたり，介護予防を目的とした地域での取り組みが積極的におこなわれています。

　本書では，介護予防の対象者を「成人（20 歳）以上の健康な人たちおよび心身面において何らかの助け（介助）が必要なすべての年代の人たち」までの広い範囲でとらえます。

11

Walking

2章　介護予防における
ウォーキングの
必要性とその効果

1 なぜ介護予防にウォーキングが必要なのか

1章でも述べましたが，要介護になる原因の多くは，体力の低下によるもの，もしくは脳血管疾患や認知症といった生活習慣病の悪化によるものの2つに大別できます。いずれにおいてもその原因は身体活動量の減少が考えられます。

人が生活していく上で欠かせない最低限の身体活動に「座る」「立つ」「歩く」「姿勢を変える」があります。その中で「歩く」という身体活動が損なわれると著しく日常生活における活動の範囲が減少します。また，「歩く」ことができなくなると自立する意欲も失われます。

このように「歩く」ことは，介護状態になるかならないかを左右する重要な身体活動といえます。したがって，介護予防には「歩く」（ウォーキング）ことが大変重要となるわけです。

2 ウォーキングを奨める際に必要となる環境整備

「歩く」ことは日常生活においても移動手段として実践することは可能ですが，歩かなくてもよい生活や環境が日常的になると，ほとんど歩かなくなります。したがって，歩くための背景には環境整備が大変重要な要素になります。

ここでは，いかなる環境整備が必要かについて，いくつか例を挙げてみたいと思います。

2章　介護予防におけるウォーキングの必要性とその効果

⑴　歩きたいと思える環境を探す

歩きたい環境は人それぞれ異なります。自宅周辺を歩くことが好きで日常的に習慣化できている人，街中を歩きながら楽しんでいる人，あるいは，公園や景観地などの自然環境の中を歩くことで楽しんでいる人等さまざまです。まずはご自分で「どのような環境が好きなのか」をイメージしてみましょう。

実は，自宅周辺や街中で歩くことと自然環境（例えば森林浴をしながら）の中で歩くこととは少し意味が異なってきます。日本医科大学公衆衛生学の李卿准教授によると，森の中で森林浴をしながら歩くと，がんに効果が高いとされる NK 細胞が増加することが確認されています。また，川や滝の近くなどはマイナスイオンが高く，ストレス軽減効果や，さまざまな病気の症状を軽減したり，治癒したりする効果もあるといわれています。

その意味において，ウォーキングは陸上で実践するものとはいえ，水や緑といった自然の中に溶け込んでしまえる運動ともいえるのです。

もし，近隣に山，公園，神社，寺といった緑が多い場所，川べり，湖の側，海沿いの場所があれば一度足を運んでみてはいかがでしょうか。

⑵　歩きたい環境をつくりだす

一方，都市部などでは前述のような自然環境がなかなか近隣に見つからない場合もあります。その場合は，人為的な環境も

必要になります。

　つまり，自分で環境をつくってみるのです。例えば，名所，旧跡などを起点としてコースをつくってみたり，駅と駅の間のルートを開拓したりすると意外にも面白い発見があったりします。

　私も実際にさまざまな場所を歩き回って感じたのですが，通(つう)の人しか知らない名所や駅近隣にはない穴場の店などが見つかってウォーキングが楽しくなったという経緯があります。

　ただし，無理やり設定しても「歩きたい！」という感覚が湧かない場合は，環境づくりははっきりいって失敗です。この点は難しいのですが，試行錯誤をしながら良い環境を見出していってもらいたいと思います。

3　ウォーキング実践によるさまざまな効果

　ウォーキングが介護予防につながる重要な身体活動であることはすでに述べました。ここでは，ウォーキングの定期的な実践がもたらす，さまざまな効果を挙げておきたいと思います。

⑴　体力の改善を促す

体力には主に
① 　筋力（筋持久力）
② 　持久力（呼吸器系・循環器系（心臓と血管）の能力）
③ 　柔軟性
④ 　平衡性（バランス能力）
がありますが，ウォーキングはこれらすべてを維持・改善させ

2章　介護予防におけるウォーキングの必要性とその効果

る身体活動だといえます。

① 筋力（筋持久力）

下肢筋力をすべて使うため，それらをバランスよく強化することができる。

② 持久力（呼吸器系・循環器系（心臓と血管）の能力）

持続的（20 ～ 30 分以上）に実践することで，体内に酸素を多く取り込む能力が高くなり，呼吸器系，循環器系（心臓と血管）が強化される。

③ 柔軟性

脚を真っ直ぐ踏み出すことで，膝から股関節をしっかり伸ばすことができ下肢筋の柔軟性を高めることができる。

④ 平衡性（バランス能力）

下肢筋力が強化されることで体の軸が安定し，平衡性（バランス能力）が強化される。

⑵　減量の効果がある

ウォーキングは体内に酸素を多く取り込むことができる有酸素性運動です。取り込まれた酸素は血液中の脂肪と結合し，ともに燃焼します。

このことは結果的に新陳代謝が促進されることとなり，体に蓄積された余分なエネルギー（特に体脂肪）を消耗することができます。ただし，ウォーキングのみで大幅な減量の効果は期待できません。

あくまでも食事制限を中心とし，ウォーキングはそれに併用するという位置づけになります。

(3) 骨粗鬆症の予防になる

　ウォーキングを習慣化すると，骨に適度な負荷をかけることができ骨密度が保たれます。また，屋外で日光に当たることが多くなりますので，体内のビタミンＤ産生を促すことができます。

　事実，50歳代の女性を対象におこなわれた米国の調査によると，1日30分以上歩いている人は骨粗鬆症の症状の進行が緩やかであることが明らかとなっています。

⑷ ストレスの軽減や脳の活性化を促す

　ウォーキングを30分以上続けると，β‐エンドルフィンという脳内物質が分泌されます。これは別名「快感ホルモン」と呼ばれており，ストレスの発散に役立ちます。

　さらに集中力が高まり，脳が刺激されることで，物忘れなども予防でき，自律神経失調症や心身症，神経症，ストレスによる頭痛や睡眠障害の改善も期待できます。

　また，脳神経細胞をつなぐシナプスがウォーキング実践により増加し，認知症の予防効果も期待されています。

⑸ 健康寿命を延す効果がある

　健康寿命とは，「日常的・継続的な医療・介護に依存しないで，自分の心身で生命を維持し，自立した生活ができる生存期間のこと」とされており，2000年にWHO（世界保健機関）が提唱した概念です。

2章　介護予防におけるウォーキングの必要性とその効果

　ウォーキングはこの健康寿命を延ばすことが可能です。

　1998 年，米国の医学誌に「歩くことを習慣化している人は死亡率が低い」という疫学的調査が発表されました。日本で死亡率が高い疾病は悪性腫瘍（主にがん），心疾患，脳血管疾患ですが，ウォーキングによってそれらにかかる原因（危険因子）となる肥満，高脂血症，糖尿病の予防が期待できます。

ウォーキングはがんを予防する!?

　がんは「低血流」「低酸素」「低体温」という条件で起きやすい（安保徹：元新潟大学教授）、といわれています。

　血流が悪くなると酸素不足になり、体温が下がります。すると、その部分の組織や臓器には「酸素なし」で生命活動をおこなう細胞が出現します。それががん細胞です。

　ウォーキングを定期的に実践すると、血流が改善され、酸素が豊富にいきわたり、体温が上昇します。つまり、がん細胞が発生しにくくなるのです。

Walking

3章　ウォーキングの実際

1 奨めたいウォーキングのフォーム

屋外でウォーキングを実践している人をよく見かけますが，そのフォームはさまざまです。多くの書籍や指導書などに「正しいウォーキングフォーム」が紹介されていますが，その内容に統一性はあまりありません。はっきりいうと「すべて正しいフォーム」なのです。逆にいうと「絶対に正しいフォーム」はないと思います。

ヒトの体型はさまざまであり，画一化されていません。骨格の構成，筋肉のつき方などが異なる上，左右も対称になっていないため歩き方には必ず"くせ"があります。ですから，教科書的なフォームで実践する必要はないと考えます。

ここでは，これまで見てきた指導書の方法やそれに基づいて指導してきた現場での経験則から，奨めたいフォームについて紹介します。

・頭（視線）

あごを引き，頭はまっすぐに安定させ，視線は少し遠くへおき，進行方向を見るようにする。

・肩・腕

背筋を伸ばし頭から足の先までを1本の軸になるようにする。肩の力を抜き，肘を軽く曲げ（真っ直ぐでもよい），リズム良く振る。

・背

背筋を伸ばすようにする。

3章　ウォーキングの実際

- **腹**

  腹部を引き締める（お腹に少し力を入れる）。

- **脚**

  膝を伸ばしてかかとから着地し，つま先で地面をけりだすようにする。膝は可能な限り伸ばし，腰から前に出すようなイメージで歩く。

- **歩幅**

  自然歩行（普段の速度）での歩幅よりやや広くする。目安は「身長（cm）」－ 100cm ＝「適正歩幅（cm）」。

図1　基本的なウォーキングのフォーム

2　ウォーキングの強度

　介護予防を目的とする場合，ウォーキングの強度（強さ）を強く意識する必要はないと思います。まずは「ウォーキングを

23

始めること」が大切です。

　ウォーキングを実践していく中で徐々にペースがつかめてきたら，それが快適な強度だといえます。ご自身の感覚で結構ですので，「快適な感覚」がつかめるようにしましょう。

　しかし，適当な指標が必要と考えている方もおられると思いますので，その場合は以下の設定法を参考にしてください。

⑴　自己選択による方法

　自己選択とは，個人でいくつかの段階を設定し，その日の体調などに合わせて実践するという方法です。

　例えば，

① ゆっくり歩く → ふつうの速度で歩く → 速く歩く といった簡易的に3段階に分ける方法。

② ゆっくり歩く → ふつうの速度で歩く → やや速く歩く → 速く歩く といった4段階に分ける方法。

③ ゆっくり歩く → ふつうの速度で歩く → やや速く歩く → 息がはずむ程度で速く歩く → 可能な限り速く歩く といった5段階に分ける方法。

④ 歩き始めは ゆっくり ですが，時間をかけて徐々にスピードを上げていくという方法。

などがあります。

⑵　主観的運動強度（RPE）を用いた方法

　主観的運動強度（以下，RPE）は，運動を実践している際，身体に感じる「きつさ」を表す指標です。6から20までの数

3章 ウォーキングの実際

表 2 主観的運動強度（RPE）

20	限界	
19	非常にきつい	very, very hard
18		
17	かなりきつい	very hard
16		
15	きつい	hard
14		
13	ややきつい	somewhat hard
12		
11	楽である	fairly light
10		
9	かなり楽である	very light
8		
7	非常に楽である	very, very light
6	安静	

（小野寺孝一・宮下充正『体育学研究』21(4)，日本体育学会，1976 年，191-203 頁）

字とそれに対応する言葉で示されています。運動していない安静状態を 6 とし，これ以上身体を動かすことが不可能である状態を 20 としていますが，これは一般成人の心拍数（数字を 10 倍すると心拍数になる）に対応した表示方法です。

　介護予防を目的とする場合，まずは自然歩行（普段の速度）で実践することをお奨めします。その際，RPE で 11（楽である）から 12 程度であれば良いと思います。この強度でウォーキングを習慣化していくことで十分介護予防は実現できますが，その強度に慣れてきたら RPE を 13 程度にまで上げてみましょう。

25

指導の現場では，さまざまな体力水準の方に接しますので，RPE を用いた強度設定は推奨される方法だと考えています。特に高齢者は，日によって体調が変化することが少なくありませんので，ご自身でその日の強度を決めていただくことにも役立つでしょう。

⑶　脈拍計（心拍計）を用いた方法

　脈拍（心拍数）に応じた強度を設定する場合は，脈拍計（心拍計）を携帯して実践する方法があります。

　心拍計には，胸部に取り付けるタイプ，腕時計タイプ，指に装着するタイプの 3 つがあります。胸部に心電図検出用のセンサー（電極）を付けるものがより正確な測定がおこなえるとされていますが，一般の方へは簡易的な腕時計タイプ，指に装着するタイプをお奨めします（表 3）。

　簡易的な腕時計タイプの使用法としては，強度（弱い・普通・強いなど 3 〜 5 段階）を自己選択し，選択した各段階の強度でのウォーキング中に，心拍計で示された心拍数をチェックし，その状態を維持して実践する方法です。

※心拍計がなくても手首や頸部で脈を取ることも可能です。（6 秒間の脈拍数を 10 倍，もしくは 10 秒間の脈拍数を 6 倍にして計算します。）

　もう一つの方法として，カルボーネン法があります。これは，最大心拍数の上限を 220 拍／分として年齢に応じた目標心拍数を決定する方法です。以下の式で求めることができます。

3章　ウォーキングの実際

表3　心拍計一覧

写真	メーカー	価格	特徴
PS-100BL	エプソン	8,000 ～ 10,000 円	バンドデザインで，胸にベルトをまかないでよいタイプ。独自のカロリー計算アプリが付いている。
HR-60	NISSEI（日本精密測器）	8,000 ～ 11,000 円	指にセンサーを装着するタイプ。腕時計型よりも正確に計測できる。パソコンにてデータ管理が可能なモデルあり。

2017 年 9 月現在

●目標心拍数＝（220 －年齢－安静時心拍数）
　　　　　　×目標運動強度＋安静時心拍数

　安静時心拍数は運動を実践する前にチェックし，目標運動強度はパーセンテージ（％）で決定します。例えば，「ゆっくり歩く」なら 50%，「ふつうの速度で歩く」なら 60%，「やや速く歩く」なら 70%程度になります。これらの数字を計算式に代入し，目標心拍数を求めます。例を挙げてみましょう。

【例 1】70 歳男性，安静時心拍数 65 拍／分，目標運動強度 60%の場合

　目標心拍数＝（220 － 70 － 65）× 0.6 ＋ 65 ＝ <u>116 拍／分</u>

【例 2】75 歳女性，安静時心拍数 70 拍 / 分，目標運動強度
　　　 50％の場合

　目標心拍数＝（220 － 75 － 70）× 0.5 ＋ 70 ＝ 108 拍／分

3　ウォーキングの時間

　ウォーキングをどの程度の時間実践すればよいか，ということについてはさまざまな意見があります。スポーツ健康科学の専門家（研究者）の意見，運動指導者の意見，ウォーキングを習慣化している人の意見など，それぞれの立場での推奨時間があります。

　介護予防の観点からいうと，時間を設定することはそれほど重要ではありませんが，健康づくりの延長線上にあるととらえると，それに応じたいくつかの設定時間があります。

(1)　一般的な推奨時間

　これまでの研究報告によると 30 分以上を推奨していますが，この時間は持久力（有酸素性能力）を維持・改善させることを目的としています。

　介護予防を目的とする場合，数分でも主体的に「歩く」ということを習慣化し，少しずつ時間を延ばしていくことをお奨めします。1 日の時間としては，体調に合わせて 10 〜 60 分を目安に設定するとよいでしょう。

３章　ウォーキングの実際

(2)　歩数計を用いた時間設定

　歩数計を用いて設定する場合は，目標歩数にかかる時間を計ってから調節するとよいでしょう。例えば，目標歩数 3000 歩を「ふつうの速度で歩く」と 30 分かかった場合，「ゆっくり歩く」と 35 〜 40 分程度，「速く歩く」と 20 〜 25 分程度という推測がつきます。歩数を決めることでおよその時間が決定でき，その日の予定に組み込むことが可能です。

　主な歩数計を一覧表（次頁，表 4）で示しましたので，自分に合う使い勝手の良いものを探してみてください。

(3)　「健康日本 21（第 2 次）」が推奨する歩数

　2013 年より実施されている「健康日本 21（第 2 次）」（厚生労働省）では，身体活動・運動に関する目標値を定めていますが，その中に「日常生活における歩数の増加」があります（次々頁，表 5）。現状（平成 22 年）の歩数から目標（平成 34 年）の歩数へは男女ともおよそ 1000 歩程度の増加を掲げています。

　健康づくりのためには，1 日 8000 〜 10000 歩が必要といわれていますが，逆に 8000 歩以上は足首，膝，腰などに傷害をもたらすという報告もあります。平成 34 年の目標値は，65 歳以上では男女とも 8000 歩以内（男性：7000 歩，女性：6000 歩）で設定されていますので，その点については考慮されているようです。

　介護予防を目的とする場合，65 歳以上の目標値をめざしつつ段階的に設定していくようにするとよいでしょう。

29

表 4　歩数計一覧

写真	メーカー	価格	特徴
HJ-325-W	オムロンヘルスケア	1,500～2,000円	ポケットやバッグ等に入れて持ち歩くタイプ。3軸加速度センサー搭載で正確な歩数が測定可能。約23gの超軽量サイズ。
FB-740-PK	タニタ	1,500～2,500円	ポケットやバッグ等に入れて持ち歩くタイプ。歩数の表示が大きく設定が不要なので高齢者等にも使いやすいのが特徴。3Dセンサー搭載で正確な歩数の測定が可能。
TM-500	山佐時計計器	4,500～5,500円	電波時計内臓の腕時計タイプの歩数計。歩数、歩行距離、消費カロリー等のデータが簡易にチェック可能。歩行判定機能を有し、歩行以外の振動を制御できる。
MOVEBAND3	ドコモ・ヘルスケア	13,800～15,800円	腕時計感覚で装着できるタイプ。歩数計機能の他、移動距離、消費カロリー、睡眠時間、状態の計測ができる他、生活防水などの機能を備えている。専用のスマートフォン用アプリにデータを転送して簡単に管理できる。

2017 年 9 月現在

3章　ウォーキングの実際

表 5　健康日本 21（第 2 次）の身体活動・運動に関する目標値

		現状（平成 22 年）		目標（平成 34 年）
日常生活における歩数の増加	20 〜 64 歳	男性 7,841 歩 女性 6,883 歩		男性 9,000 歩 女性 8,500 歩
	65 歳以上	男性 5,628 歩 女性 4,585 歩		男性 7,000 歩 女性 6,000 歩
運動習慣者の割合の増加	20 〜 64 歳	男性 26.3％ 女性 22.9％		男性 36％ 女性 33％
		総数 24.3％		総数 34％
	65 歳以上	男性 47.6％ 女性 37.6％		男性 58％ 女性 48％
		総数 41.9％		総数 52％

（厚生労働省ホームページ「健康日本 21（第 2 次）」別表第五をもとに作成）

⑷ 「健康づくりのための身体活動指針（アクティブガイド）」が推奨する時間

　厚生労働省は，健康寿命を延ばすという目的で，18 〜 64 歳までの人は 1 日 60 分，65 歳以上の人は 1 日 40 分という時間を推奨しています。しかしながら，これらは純粋にウォーキングの時間ではなく，「からだを動かす時間」というとらえ方をしています。「からだを動かす」ために奨められる運動としてウォーキングやジョギングといった有酸素性運動が挙げられていることから考えると，これらの時間をそのままウォーキングの時間に置き換えてもよいと思われます。

　また，すべての年代を対象として「現在より 10 分多くから

31

だを動かす」（＋10：プラス・テン）を推奨していますが（図2），介護予防を目的とする場合，10分のウォーキングを導入する時間ととらえてもよいでしょう。

　参考までに，巻末の付録に体力水準に応じた「ウォーキングプログラム」の例を紹介しております。

4　ウォーキングの頻度（回／週）

　ウォーキングを実践する頻度についてもさまざまな意見がありますが，介護予防を目的とする場合，最初は頻度を意識せず，まずは毎日の生活の中で歩く時間を増やすことをお奨めします。普段外出される機会が多い方は移動手段としての歩く時間，外出される機会が少ない方は外に出て自宅の周りを歩く時間を増やしていきましょう。日常的に歩く時間を増やせるようになったら，今度はまとまった時間を週に1～2回程度確保してみましょう。

　日本体力医学会は，身体活動量が少ない一般の健常者のトレーニング進展度を提示していますが，それによると運動を始める初期段階では15～20分程度の身体活動を週3回おこなうことを推奨しています。これは介護予防対象者にも当てはまる頻度だと考えられますが，私の経験則によると，まとまった時間を週に3回確保することに最初は抵抗を持つ人が多くいます。

　ですから，毎日歩く量を増やしつつ，まずは週に1～2回まとまった時間を確保し，徐々に頻度を増やしていくようにしましょう。

3章　ウォーキングの実際

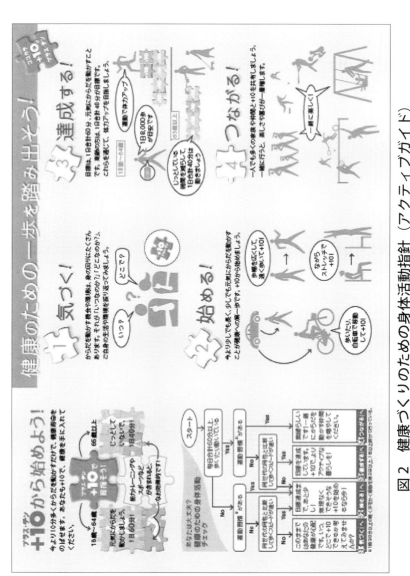

図2　健康づくりのための身体活動指針（アクティブガイド）
（厚生労働省ホームページより）

また，頻度を増やす方法の一つに「歩数計を携帯する」方法があります。歩数計を携帯すると毎日の「歩数」が気になり始め，少しでも増やそうという意識が働きます。また，時間を設定してウォーキングを実践すると，その時間での歩数がどの程度だったかがわかり，次の目標も明確になります。

5　ウォーキングを習慣化するには

　ウォーキングに限らず身体活動を習慣化することは，介護予防においても大変重要です。習慣化は，性別，年齢，体力水準，運動歴，性格といった要素に影響を受けるといわれており，また，「疲れる」「面倒だ」「やる気がない」「苦しい」「つらい」といった印象を持つと習慣化は難しくなります。

　これらすべてを考慮することは困難ですが，下記に挙げたいくつかの例を実践していく中で，自分に合う方法を模索してください。すべて経験則に基づく方法ですが，多くの方々に一定の効果が得られています。

習慣化のための方法①：自宅の周りにウォーキングコースをつくってみる

　多くの人が，自宅から会社（学校）への通勤（通学）に同じ道を使っているといわれています。

　普段歩かない自宅周辺の道を歩いていると，「こんな道があったのか」と気づくこともあります。休日などに自宅周辺を散策し，自分のウォーキングコースをいくつかつくってみると興味がわいてきます。

3章　ウォーキングの実際

習慣化のための方法②：歩数計で距離を測ってみる

　歩数計とスマートフォンなどのアプリ（Steps，Walker，Moves，RunKeeper など）についている距離表示の機能を使って，おおよその距離を測ってみることをお奨めします。歩数と距離がわかると，ウォーキングを実践した満足感が得られますので，習慣化できる動機づけになります。

習慣化のための方法③：実践する時間をあらかじめ決めておく

　1週間のうち，どの曜日のどの時間帯にウォーキングを実践するか決めておくと習慣化しやすくなります。前もって時間を確保すると，必ずその時間に取り組めるような癖がついてきます。

習慣化のための方法④：玄関には必ず靴を準備しておく

　これは意外と効果があります。ウォーキングを実践するため玄関に向かったところ，「靴はどこに？」となることが多いようです。ここで靴を探したり，見つからなかったりすると，その時点でやる気は半減します。常に靴は玄関に置くようにしましょう。

習慣化のための方法⑤：マジックテープの付いた靴を履いてみる

　これまでのウォーキングシューズやその他の運動用のシューズはそのほとんどが紐靴でした。しかしながら，近年では紐部をマジックテープに変えているものが増えています。履き心地を細かく調整するには紐の方がよいのですが，履きやすさを考慮するとマジックテープのタイプもお奨めです。

習慣化のための方法⑥：記録をつける

　記録をつけることで習慣化の動機づけとなることは知られて

35

います。ただし，細部にわたって記録する必要はなく，実践の有無をカレンダーや手帳等に書き込む程度でも十分習慣化につながります。

習慣化のための方法⑦：在宅中は常に動きやすい服装（トレーニングウエア等）を着用する

仕事や学校から帰宅したら，すぐに動きやすい服装に着替えておくと，外へ出やすくなります。動きやすければ普段着でもよいのですが，まとまった時間ウォーキングを実践する場合は，トレーニングウエアの着用をお奨めします。

6　ウォーキングシューズの種類と選び方

ウォーキングシューズを選ぶ際，まず大事なことは「履きやすさ」です。色やデザインの好みもありますが，「履きやすさ」はウォーキングを習慣化させるための大切な条件になります。以下のような条件に合うものを選ぶとよいでしょう。

① 足の輪郭に合い，つま先に1〜1.5cm程度のゆとりがある。朝は，さらにかかとに人差し指1本が入る程度の余裕があるとよい。

② かかとの部分にクッション性があり，衝撃を吸収できる。

③ 通気性がよい。

④ 指の付け根あたり（足先から3分の1程度）から楽に曲げることができる。

⑤ すべりにくい。

⑥ 靴底にある程度の厚みがある。

3章　ウォーキングの実際

図3　ウォーキングシューズの選び方

Column 2

ウォーキングのフォームは気にしない！

　ウォーキングのフォームを気にするあまり，無理な力（肘を90度に曲げたり，必要以上に腕を大きく振る等）が入っている人を多く見かけます。これでは，ウォーキングそのものが苦痛になってきます。特に介護予防を目的とする場合は，フォームはあまり気にせず，「伸び伸び歩く」ということを念頭に実践してみましょう。

Walking

4章 ウォーキング実践における留意点

1　ウォーキング実践前の留意点

⑴　体調のチェック（実践前）
─ウォーキングを中止すべき場合─

以下のような自覚症状・他覚症状（医師による診断等）がある場合はウォーキングを中止するほうがよいでしょう。介護予防対象者は高齢者が多いため，疑われる疾患についてもカッコ内に明記しました。

1)　整形外科的な症状

①　関節の痛み（主に捻挫，腱・靭帯の損傷，骨折，神経系疾患などが疑われる）

②　筋肉の痛み（主に捻挫，腱・靭帯の損傷，筋断裂などが疑われる）

2)　内科的な症状

①　頭痛（主に脳血管疾患などが疑われる）

②　息切れ（主に呼吸器系疾患および循環器系疾患が疑われる）

③　動悸（主に循環器系疾患が疑われる）

④　腹部の痛み（主に消化器系疾患および内分泌系疾患が疑われる）

⑤　背部の痛み（主に消化器系疾患および腎・泌尿器系疾患が疑われる）

3)　その他の症状

4 章　ウォーキング実践における留意点

① 食欲不振

② 睡眠不足

③ 全身倦怠感（疲労感）

④ 体温が 37℃以上

⑤ 頻脈（安静状態における心拍数が 100 拍／分以上）

(2)　服装のチェック

服装については特別決める必要はありませんが，以下の点に
留意しておくとよいでしょう。

1)　上着

① 軽快で動きやすい

② 通気性・吸湿性がよい

③ 体温の調整ができる

2)　下着

① 軽快で動きやすい

② 通気性・吸湿性がよい

③ 腰部がゴム紐で調節できる

3)　その他

① 靴下は必ず着用する（靴ずれ予防のため）

② 帽子を着用する（夏場や暑熱下の時）

③ 防寒着と手袋を着用する（冬場や寒冷下の時）

41

2　ウォーキング実践中の留意点

⑴　水分補給（実践中）

　ウォーキング中に汗をかき，体内の水分が失われると，血液は粘着性を増し，流れが悪くなって血栓（血液の固まり）をつまりやすくします。この血栓が，脳でつまってしまうと脳血管疾患に，心臓でつまってしまうと虚血性心疾患といった病気になる可能性があります。

　のどの渇きは身体からの危険信号ですが，高齢期になるとのどの渇きを感じにくくなり，本人も気がつかないうちに脱水状態になっている場合があります。のどが渇く前に，汗をかいたら水分補給するようにしましょう。

　摂取する水分としては，5 ～ 15℃の水温で，飲みやすく，胃にもたれないもの（ミネラルウォーター，薄めのスポーツドリンク，お茶等）を選ぶとよいでしょう。

　水分補給量目安は，約 20 ～ 30 分ごとに 100 ～ 200ml 程度摂るとよいとされています。特に汗をよくかく夏場や暑熱下ではミネラル（塩分など）が不足しますので，それらも同時に補給することが必要です。

⑵　体調のチェック（実践中）

　実践前の体調はよくても，ウォーキング中に体調を崩したり，けがをしたりする場合があります。そのような時はいったん中

4 章　ウォーキング実践における留意点

断するか，思い切って中止する勇気を持ちましょう。

　特に夏の暑熱下では，発汗による水分不足や熱中症，冬の寒冷下では，厚着（発汗）による水分不足や低気温による体調の変化の危険性が潜んでいます。また，季節の良い時期（春・秋）は頑張りすぎる傾向にあり，実践後早い段階で疲労感に襲われる可能性があります。

　大事を取りすぎる必要はありませんが，自分の体調とウォーキングのリズム（ペース）をつかみながら実践しましょう。

3　ウォーキング実践後の留意点

⑴　筋肉・関節のケア

　ウォーキング終了後はすぐにでも休息を取りたい気分になるのですが，筋肉や関節はすぐに休もうという状態にはなっていません。しばらくはウォーキングの余韻が残ります。また，血液を脚の筋肉へ大量に送り込んでいますので，それらをゆっくり心臓に戻さなければなりません。

　そこで，ウォーキング終了後はクールングダウンをしっかりおこなう必要があります。ただし，ストレッチングなどを本格的に実践する必要はなく，足首，膝，股関節，太腿（前後）といった大筋群（身体活動で主に使用する筋群）をほぐす程度の整理体操でよいでしょう。

43

⑵　水分補給（実践後）

　ウォーキング実践中に水分を補給することは重要ですが，実践後もしっかり補給することをお奨めします。

　運動後は，体重減少量の 1.5 倍（体重減少が 1kg なら 1.5L）の水分を少量ずつ数回に分けて摂ることが理想とされています。つまり，運動後大量に飲んで終わりではなく，しばらくは意識して複数回に分けて水分補給していく必要があります。

Walking

5章　ウォーキング実践における
傷害の予防と応急処置

ウォーキング実践中にはさまざまな障害が起こる可能性があります。介護予防の観点からは内科的な障害のみならず外科的（整形外科的）な障害も考慮しなければなりません。

　ここでは，内科的および外科的（整形外科的）に起こる可能性のある急性障害と慢性障害について紹介します。

　また内科的な応急処置法である救急処置（救急蘇生法）および外科的な応急処置法である RICE 処置（71 頁参照）について解説します。

1　内科的な急性障害

(1)　熱中症

　熱中症とは，暑熱環境によって引き起こされる全身障害をいいます。その原因や症状などによって I 度（熱けいれんおよび熱失神），II 度（熱疲労），III 度（熱射病）に分類できます（表6）。

1)　熱けいれん

①　原因
　熱けいれんは，主に体内における塩分濃度の低下が筋肉のけいれんを誘発することによって起こります。

②　症状
　熱けいれんは，暑熱下において筋肉や内臓に激しい痛みを伴う症状が出現します。また，それに伴う脱力感，胃痛，嘔吐，下痢などを伴うこともあります。

46

表6 熱中症の種類、原因、症状、および処置方法の一覧

分類	症状	重症度	治療	臨床症状からの分類
I度 （応急処置と見守り）	1) めまい、立ちくらみ、生あくび、大量の発汗、筋肉痛、筋肉の硬直（こむら返り） 2) 意識障害を認めない（JCS*=0）		通常は現場で対応可能 →冷所での安静、体表冷却、経口的に水分とNaの補給	熱けいれん、熱失神
II度 （医療機関へ）	1) 頭痛、嘔吐、倦怠感、虚脱感 2) 集中力や判断力の低下（JCS ≦ 1）		医療機関での診察が必要 →体温管理、安静、十分な水分とNaの補給（経口摂取が困難なときは輸液を実施）	熱疲労
III度 （入院加療）	1) 下記の3つのうちいずれかを含む （C）中枢神経症状（意識障害JCS ≧ 2、小脳症状、けいれん発作） （H/K）肝・腎機能障害（入院経過観察、入院加療が必要な程度の肝または腎障害） （D）血液凝固異常（急性期DIC**診断基準（日本救急医学会）にてDICと判断→III度の中でも重症型）		入院加療（場合により集中治療）が必要 →体温管理（体表冷却に加え体内冷却、血管内冷却などを追加） 呼吸、循環管理 DIC治療	熱射病

- I度の症状が徐々に改善している場合のみ、現場の応急処置でOK
- II度の症状が出現したり、I度に改善が見られない場合、すぐ病院へ搬送する（周囲の人が判断）
- III度か否かは救急隊員や、病院到着後の診察・検査により診断される

* JCS(Japan Coma Scale)：意識障害患者の意識レベルを評価する指標の一つ。

* * DIC：播種性血管内凝固症候群。

（一般社団法人日本救急医学会『熱中症診療ガイドライン2015』2015年、7頁より一部加筆）

体温は正常であることが多いです。

③　処置法

日陰の風通しの良い場所で休息させ，水分と塩分を補給させます。

2）　熱失神

①　原因

暑熱環境下の運動時には，体外へ熱を多く放散しようと汗がでます。その際，血管の拡張，皮膚血流量の増加，筋肉への血流増加が起こります。

これらは，循環血液量を減少させ，脳への虚血を誘発し失神を起こすことがあります。

②　症状

顔面蒼白，意識喪失，全身脱力感，視覚異常，めまい，頭痛，吐き気などの症状がでます。

体温は正常であることが多いです。

呼吸数が増加し，血圧（拡張期血圧）が低下します。

③　処置法

日陰の風通しの良い場所で休息させます。意識がある場合は水分と塩分を補給させます。

足を高くし，手足を末梢から心臓の方向へマッサージすることも有効です。

3）　熱疲労

①　原因

5章　ウォーキング実践における傷害の予防と応急処置

多量の発汗がある場合に，水分と塩分が十分に補給されていない状態で発症する脱水症をいいます。

② 症状

脱力感，めまい，頭痛，吐き気，嘔吐，食欲不振がみられます。

顕著な体温の上昇はありませんが，時に失神，こん睡に至ることがあります。

③ 処置法

日陰の風通しの良い場所で休息させ，熱失神の場合と同様の処置をおこないます。

4） 熱射病

① 原因

暑熱環境下（特に高温環境下）での運動において，熱放散が熱産生に追いつけず，体温調節機能が破たんし，体温が異常に上昇することによって起こります。

また，直射日光によって引き起こされる場合は日射病と呼びます。

② 症状

発汗の停止と体温の上昇が起こり，体温は高い場合 40℃以上になります。

皮膚は赤く乾燥し，頭痛，めまい，全身倦怠感，嘔吐などを訴えるようになります。

死亡率が高いことで知られています。

③ 処置法

49

高体温の持続時間が予後に影響するので，体温を速やかに正常に戻すことが重要です。積極的に全身の冷却処置をおこないます。

　冷却の方法としては，
1)　水や濡れタオルで身体を濡らしてあおぐ
2)　腋窩（脇の下），頭部，鼠蹊部など太い血管のある部位に氷やアイスパックを当てる

などがあります。

(2)　過換気症候群

①　原因

　疲労，発熱，痛み，激しい運動などの身体的なストレスや，過度の緊張，不安，怒りの抑制などの精神的なストレスによって，血液（動脈血）中の二酸化炭素濃度が低下し，過呼吸状態になることから起こります。

②　症状

　過換気により血液（動脈血）中の二酸化炭素濃度が低下し，呼吸がアルカリ性に傾きます。そのため，症状として呼吸困難感，四肢のしびれ感，けいれん，悪心など，多彩な症状を引き起こします。

③　処置法

　症状それ自体がストレスとなって過換気を促進する，という悪循環を引き起こします。特に呼吸困難感が生じると「息が止まってしまうのではないか」という恐怖感を与え，不安を感じさせます。そのため，まずその不安を取り除くため心を落ち着

5章　ウォーキング実践における傷害の予防と応急処置

かせます。

　不安が取り除けない場合は医師に相談するか，躊躇せず救
急に通報し，応急処置の方法を指示してもらうようにします。

(3)　運動誘発性喘息（EIA）

①　原因

　運動誘発性喘息の原因は，運動時の呼吸数増加から起こる気
道の温度低下および水分の喪失とされています。

　特に夏場よりも，空気が冷たく乾燥した冬場に起こりやすい
とされています。これは冬場のほうが冷気や乾燥した空気を吸
い込んでしまうことにあるようです。

②　症状

　一般の健康な人では，運動によって呼吸はしやすくなります
が，EIA の患者では，運動数分後（5分程度）に気道が収縮す
るようになります。この時に呼吸困難，息切れ，喘鳴，胸痛等
の症状を訴えるようになります。

　これは運動終了後も続くことがあります。通常の気管支喘息
との見分けがつかない場合もあるので注意が必要です。

③　処置法

　咳，呼吸困難，喘鳴等を訴えた者が現れた際には，ただちに
運動を中止させ，暖かい場所で息を吸わせ，その後ゆっくりと
大きな呼吸をさせるようにします。吸入治療薬を携帯している
場合は使用させます。

　おおむね 30 ～ 60 分程度で改善することが多いですが，発
作の程度がひどい場合や回復が遅い場合は医療機関を受診して

51

もらいましょう。

⑷ 突然死

① 原因

突然死とは，予期しない突然の病死のことであり，症状が出現してから死亡するまでの時間が 24 時間以内のものを指します。

突然死は原因不明のものもありますが，原因がわかるものでは，心臓・血管系疾患が 70％以上と大部分を占め，次いで脳血管系疾患，呼吸器疾患，消化器疾患などがつづきます。

心臓疾患による突然死は頻度が最も高く，症状出現から死亡までの時間が 1 時間以内となることもあり，他の突然死と区別して「心臓突然死」と呼びます。

② 症状

症状はかかっている循環器系の疾患に基づいたものが多く，決まったものはないようです。

③ 処置法（予防法）

突然死の処置法は心肺停止状態を想定した救急処置（心肺蘇生法）よりも，起こす可能性を低くする予防法が大切です。

突然死予防には，

1) メディカルチェック
2) 適切な運動
3) 自己管理
4) 心肺蘇生

の 4 つが機能することが重要とされています。

5章　ウォーキング実践における傷害の予防と応急処置

2　内科的な慢性障害

(1)　貧血

①　原因

　貧血は，血液中のヘモグロビン量が減少した状態をいいます。ヘモグロビンは赤血球中に含まれ，肺から体内への酸素の運搬に重要な役割を果たしています。

　貧血は体内への酸素運搬能力の低下を引き起こすため，ウォーキングを実践する際にも影響を及ぼします。

　ヘモグロビン濃度の基準値は，女性では 12g/dl 未満，男性では 14g/dl 未満を貧血としています。

　貧血は一過性の意識障害と区別して理解する必要があります。「貧血で倒れた」ということがありますが，この場合の「貧血」は一過性の意識障害のことです。一過性の意識障害は，その原因が「血圧の低下」である場合が多く，医学的用語としては「失神」になります。

②　症状

　症状としては，息切れ，動悸，めまい，倦怠感，顔面蒼白，スプーン爪（爪が反りかえる），失神などがあります。（次頁，表 7）

　なお，失神は上記のように主に「血圧の低下」によるものが多いのですが，ここでいう失神はヘモグロビンの低下に伴う酸素不足によるものです。男性よりも女性に多いです。

53

表7　貧血の症状

全身症状	微熱，易疲労感，倦怠感，頭痛，耳なり，めまい，失神，筋力低下
皮膚粘膜	蒼白
呼吸循環	動悸，息切れ，頻脈
消化器	食欲不振，下痢，便秘
その他	無月経

（赤間高雄「貧血」小出清一・福林徹・河野一郎編『スポーツ指導者のためのスポーツ医学』南江堂，2000年，152頁より許諾を得て転載）

③　処置法（予防法）

貧血が起こった際は，

1)　横にならせる

2)　シャツのボタンやベルト等身体を締めつけているものはゆるめる

3)　毛布や上着などをかけ，身体を温める

といった処置をおこないましょう。

貧血は予防が大切です。貧血の大半は鉄分の欠乏によるものですので，日頃から鉄分摂取を意識した食生活を実践することが重要です。

鉄分を日頃から摂取するためには，

1)　自炊の際には，「鉄分が多い食材」を積極的に取り入れる

2)　外食の際には，「鉄分が多いメニュー」を積極的に選ぶ

3)　自炊の際の調理器具には，「鉄製の調理器具」を使う

といった点に留意しましょう。

5章　ウォーキング実践における傷害の予防と応急処置

3　外科的な急性障害

(1)　捻挫（ねんざ）

①　原因

　ウォーキング中，関節部分に急激な負荷がかかり，靭帯・腱（けん）・軟骨などを損傷することで起きます。関節のある部位ならどこでも起きる可能性がありますが，実際には足首や手首などで発生することが多いです。

　また，捻挫にもさまざまな損傷レベルがあります。一時的に靭帯が伸びているだけの軽傷のケースが多いですが，靭帯が切れていたり，断裂していたり，脱臼・骨折を伴うような重傷のケースもあります。

②　症状

捻挫には次のような症状があります。

1)　患部の関節周辺が痛む
2)　患部の関節周辺が腫（は）れる
3)　患部の関節周辺が熱を持つ
4)　患部の関節周辺が赤くなる
5)　患部の関節周辺が変色する（内出血）

　このような捻挫の症状が出るのは，捻挫は少なからず内出血や炎症を引き起こすからです。どの程度捻挫の症状が出るのかは，その捻挫の損傷レベルによります（次頁，表8）。

③　処置法

表8 ウォーキング中に起こりやすい外科的障害（捻挫（足首・膝））

損傷レベル（重症度）	靭帯の損傷状態	症状・治療・回復期間
Grade I（軽度）	・靭帯が引き伸ばされたか、わずかに損傷を受けた状態	・患部を押すと軽い痛みがあるが、歩行や関節運動に問題はない ・腫れはほとんどない ・RICE処置（71頁参照）後、テーピングやサポーターなどで固定 ・1週間程度で回復する
Grade II（中等度）	・靭帯の一部が断裂している状態	・痛みのために体重をかけて歩くことがやや困難 ・腫れが強く、内出血もみられる ・関節を動かすとかなり痛い ・弾力包帯またはギプスなどで関節を固定 ・約3週間で回復する
Grade III（重度）	・靭帯が完全に断裂している状態	・足関節の緩み（不安定性）が生じる ・かなり強い腫れと痛みがあり、歩行や関節運動は不可能 ・関節を動かさなくても痛む（自発痛） ・ギプスなどで関節を固定することが必要 ・手術で靭帯を修復、もしくは関節を再建することも考慮する ・損傷の状態により回復には6～12週間必要

5章　ウォーキング実践における傷害の予防と応急処置

　まず応急処置（RICE 処置：71 頁参照）をおこなったうえで，専門医を受診します。

　応急処置としては，患部を固定して安静にし，冷湿布をおこないます。応急処置をすることで患部の腫れや痛み，出血を抑え，切れた靭帯が離れるのを防ぐことができるので，治療までの期間が違ってきます。

⑵　腰痛

①　原因

腰痛の原因はさまざまですが，次のような原因が考えられます。

　1)　前傾姿勢でいることが多い

　2)　締め付けの強い下着をつけている

　3)　柔らかい布団で寝ている

　4)　同じ肩にカバンをかけている

　5)　肥満体型でお腹が出ている

　6)　長時間椅子に座ることが多い

　7)　椅子に座るとき脚を組む癖がある

　8)　歩くことが嫌いである

　9)　重い荷物を持つことが多い

　大半が筋・筋膜性腰痛症もしくは急性腰痛症（ぎっくり腰）であることが多いのですが（次頁，表 9），内科的疾患，泌尿器科的疾患，内分泌系疾患，心因性疾患などが原因の場合もあります。

57

表9　ウォーキング中に起こりやすい外科的障害（腰痛）

種類	原因や状態（病態）
急性腰痛症 （ぎっくり腰）	・原因不明 ・坐骨神経痛なし
筋・筋膜性腰痛症 （いわゆる腰痛症）	・原因は腰部の筋疲労が主 ・時に坐骨神経痛あり
腰椎分離症 （腰椎分離すべり症）	・成長期の腰椎を連結する関節の突起の疲労骨折 ・体幹の後屈による疼痛が特徴
腰椎椎間板ヘルニア	・髄核（腰椎への衝撃を緩和するクッションの役割）が線維輪を破り，主に後方へ飛び出すことで神経（主に坐骨神経）を刺激する

（『健康運動実践指導者養成用テキスト』をもとに作成）

② 症状

腰痛の種類によってその症状はさまざまです。前傾姿勢，後傾姿勢，からだの捻転といった姿勢によって痛みが生じる場合や，痛みの程度が継続的，断続的に起こる場合，また痛み範囲が部分的，全体的に起こる場合などがあります。

③ 処置法（治療法）

ウォーキング実践中，急に痛みが生じた場合は，急性腰痛症（ぎっくり腰）の可能性が高いため，まずはウォーキングを中断し，あわてず患部を冷却して様子をみましょう。徐々に痛みが軽減し，回復することが多いはずです。

しかし，痛みがなかなか取れない場合は他の疾患も考えられますので，迷わず医療機関を受診しましょう。

5章　ウォーキング実践における傷害の予防と応急処置

表10　腰痛に対する治療とその目的

	治療内容	目的
運動療法	筋力訓練	筋力不足・アンバランスの改善
	腰痛体操	筋緊張改善, 筋力強化, 柔軟性改善, 骨盤傾斜角調節
	ストレッチング	筋緊張改善, 柔軟性改善, 骨盤傾斜角調節
徒手的療法	マッサージ	疼痛緩和, 疲労回復, 筋緊張改善
	指圧	疼痛緩和, 疲労回復, 筋緊張改善
	PNF*	神経・筋機能改善, 柔軟性改善
経皮的刺激	鍼灸	血行促進, 疼痛緩和, 柔軟性改善
	経皮的電気神経刺激	血行促進, 疼痛緩和, 柔軟性改善
	低周波治療	血行促進, 疼痛緩和, 柔軟性改善
物理療法	ホットパック	皮膚温上昇
	マイクロウェーブ	筋組織の温度上昇
	骨盤牽引	筋緊張改善, 椎間関節の負担軽減
その他	ブロック	疼痛緩和, 消炎, 血行改善
	薬物療法	消炎鎮痛, 筋弛緩, 血行改善
	装具	腹圧上昇, 安静固定

＊PNF（proprioceptive neuromuscular facilitation）：固有受容性神経筋促通法。感覚神経末端器官を刺激することで、目的とする神経・筋の反応を促進させる方法。

(松本高明「腰部・背部」小出清一・福林徹・河野一郎編『スポーツ指導者のためのスポーツ医学』南江堂、2000年、80頁より許諾を得て改変し転載)

なお，筋・筋膜性腰痛症や急性腰痛症（ぎっくり腰）に対する治療法は多岐にわたりますので，目的に応じて実施することをお奨めします（表10）。

(3)　頭部の外傷

①　原因
　ウォーキング中に転倒などで頭部に外傷を生じることがあります。また，気分が悪くなり，その場に倒れこんだ際，頭部を打ち付ける場合もあります。

②　症状
　頭部外傷は，
　1)　単純型
　2)　脳震盪型
　3)　脳挫傷型
　4)　頭蓋内出血型
に分類されています。

　単純型では，頭蓋部の損傷はあるもののおおむね意識障害はないとされています。

　脳震盪型では，激しく頭を打った直後に一時的に意識を失いますが，数分以内に回復し，障害が残らないことが多いようです。ただし，意識を失う時間が長くなることもあります。

　脳挫傷型では，外傷による意識障害が6時間以上持続するか，もしくは脳神経に何らかの異常がみられます。

　頭蓋内出血型では，呼吸の乱れ，いびき，けいれんなどを起こす可能性があります。頭蓋内は幾重にも構造が分かれていま

す（頭蓋骨の中は外側から硬膜，くも膜，軟膜の順で構成されています）ので，出血している部分の違いにより症状も異なってきます。

③　処置法

意識障害，呼吸の乱れ，けいれんの有無により次のように対処します。

意識がある場合は，単純型もしくは軽い脳震盪型である場合が多いため，外傷部の止血，内出血部の冷却をおこないます。

意識障害はあるが，規則ある呼吸をおこなっており，けいれんもない場合は，動かさずに寝かせ，意識の回復を待つようにします。意識が回復したら，場所や状況確認に関する質問をおこない，異常がある場合は医療機関へ付き添うようにします。

意識障害があり，呼吸の乱れやけいれんが認められた場合は，救急搬送を依頼しましょう。

⑷　骨折

①　原因

骨折の原因には，

1)　外傷によるもの

2)　過度の運動によるもの

3)　病気によるもの

が挙げられます。

1)　外傷によるもの

骨折のほとんどは外傷，つまり外力がかかったことによって起こります。例えば，転倒，転落，衝突，交通事故などです。

ウォーキング中に転倒した際，弱い外力によるものであれば骨折しても軽度ですむことが多いのですが，交通事故や高所からの転落など，強い外力がかかった場合は，複数の場所に骨折が起こったり，開放骨折となったり，ほかの臓器が損傷することもあります。

2）　過度の運動によるもの

ふつうでは骨折を起こさない程度の小さな力でも，骨の特定の部位に繰り返し連続的に力がかかることで，骨折が起こることがあります。これを疲労骨折といいます。足の甲の骨（中足骨）によくみられ，レントゲンに写りにくい小さなヒビが発生します。

3）　病気によるもの

もともと持っている病気のために骨がもろくなり，軽微な外力によって骨折を起こすことがあります。
原因となる病気として，骨腫瘍，がんの転移，骨粗鬆症，骨膜炎などが挙げられます。

②　症状

骨折の症状としては，

1）　痛み
2）　内出血
3）　腫れ
4）　変形や可動域の異変

が挙げられます。

1）　痛み

骨折した部位に強い痛みを感じます。

5 章　ウォーキング実践における傷害の予防と応急処置

　外から見ただけでは折れているかどうかわからないときは，痛めた部位の骨をそっと押してみて，そこに強い痛みがあれば骨折が疑われます。押したときに感じる痛みを「圧痛」といいます。

　完全に折れているときだけでなく，ひびが入ったときもこの圧痛はみられます。

　ケガをしたという覚えがなくても，痛みが続くときは骨折が疑われます。

2）　内出血

　骨折すると，骨折部から出血します。骨周辺の軟部組織（筋肉や腱など）も傷つくことが多く，ここからも出血します。

　出血量が多いときには，数日後に広い範囲でアザができ，すっかり消えるまでには数週間かかります。

　骨折直後は外見ではわかりませんが，ある程度の量の出血があると数日後に血液が皮膚のすぐ下まで達し，アザがあらわれます。アザははじめ黒ずんだ紫色ですが，血液の分解と吸収が進むにつれ徐々に黄色くなっていき，やがてすっかり吸収されます。

　骨折により大量に出血した場合は，低血圧となってめまいや冷や汗，意識消失などの脳貧血症状があらわれることもあります。そのようなときはすぐに救急車を呼びましょう。

3）　腫れ

　骨折してから数時間後に，骨折部周辺が腫れてきます。これは出血や炎症によるもので，腫れがひくまでには 2 ～ 3 週間かかることもあります。折れた骨によって太い血管が傷ついて

63

いることもあるので，急激に腫れてくる場合や，低血圧による脳貧血症状があらわれた場合は注意しましょう。すぐに救急車を呼び，一刻も早く専門的な治療をおこなえる医療機関に運ぶ必要があります。

4） 変形や可動域の異変

骨折では，骨が曲がるなど，外見からも明らかに折れていることがわかります。これが変形です。このようなときは，みるみる腫れてきて，強い痛みも出現します。

可動域の異変とは，関節以外の場所で骨が動く（曲がる）ことをいいます。変形がなくても，可動域の異変がみられれば骨折しています。

③ 処置法

1） 外傷が原因の骨折

予防が難しい面もありますが，安定性の高い靴をはく，家の段差を解消する，運動の前にはストレッチングを十分におこなうなど，日常生活で注意を心がけることはできます。高齢者の場合は，骨粗鬆症のために軽微な外力も骨折することがあるので，転倒の予防対策を取り入れましょう。

2） 疲労骨折

骨の特定の部分に断続的に力がかかる場合は，運動前の準備を十分におこなうとともに，日頃から筋力訓練も実践することが大切です。

また，痛みや違和感を感じたら，早めに整形外科医の診療を受けましょう。

3） 病気が原因の骨折

5章　ウォーキング実践における傷害の予防と応急処置

　病気の治療をおこない，転倒しないよう日常生活では細心の
注意を払いましょう。

4　外科的な慢性障害

(1)　外脛骨障害・足底腱膜炎・種子骨障害・踵骨骨端症・踵骨下滑液包炎など

①　原因
　足は，足根骨と中足骨が靭帯で結ばれ，縦横のアーチを形
成し，筋肉や腱がこれらを補強しています。過度なウォーキ
ングにより，衝撃が続くと，足の骨や軟骨，靭帯や腱に障害を
きたし疼痛が発生します。
　足の使い過ぎ以外に，足の柔軟性低下や筋力不足，扁平足な
どの障害の発生しやすい足の形，不適切な靴，悪い路面での練
習などが発症の背景になっています。

②　症状
　障害の種類および障害部位により症状は異なりますが，痛み
やしびれといった慢性的な症状が続きます。また，関節の動か
し方等によって痛みやしびれの度合いが変わってくることもあ
ります。
　これらの障害は医師による適切な診断が必要です。

③　処置法
　スポーツでいったん障害が発症したら，練習量を減らすか，
一定期間の休養が必要です。これに加えてアイスマッサージや

温浴，低周波，塗布薬などの鎮痛消炎剤の使用，ステロイド剤の局所注射，足底装具の使用などの理学療法，といった対処法があります。

症状が緩和しない場合には，医師による適切な診断を受け指示を仰いでください。

5 応急（救急）処置

(1) 救急処置（心肺蘇生法）

1) 心肺蘇生の手順

応急処置（心肺蘇生と AED 使用）の手順は図 4 に示した通りです。

心肺蘇生について詳しくみてみましょう。

① 反応の確認

倒れている人（傷病者）を発見したら，周囲の安全を確認し，意識の確認をします。その際，肩を軽くたたき大声で呼びかけ，この時点で「反応あり」か「反応なし」を判断します。

② 応援の要請

「反応なし」と判断したら，周囲の人に「誰か来てください！人が倒れています！」と大声で叫んで助けを要請します。

③ 119 番通報と AED 手配

助けに来た人がいれば，119 番通報と AED の手配を依頼します。助けに来た人が複数であれば，119 番通報と AED の手

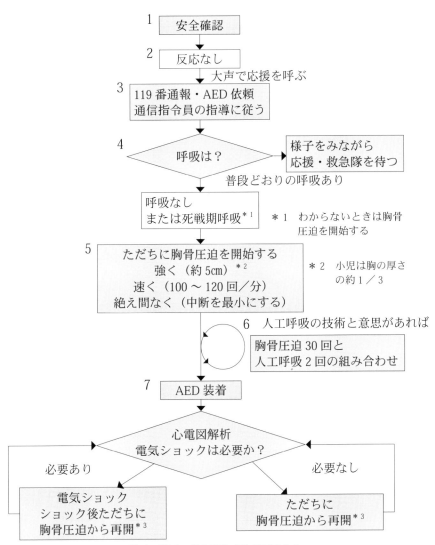

死戦期呼吸：心停止直後の傷病者にみられる，しゃくりあげるような呼吸。
BLS（Basic Life Support）：一次救命処置。

図4　市民におけるBLSアルゴリズム
（一般社団法人日本蘇生協議会監修『JRC蘇生ガイドライン2015』医学書院，2016年，18頁より）

配は別々の人に依頼します。助けが来ない場合は,自ら119番に通報します。

④ 呼吸の有無の確認

最初に,傷病者の胸と腹部を見て動きがあるかどうかを確認します。規則的な動きがあれば「呼吸あり」と判断できます。その際は,気道確保（人差し指と中指を使ってあごを押し上げます）をおこない救急隊の到着を待ちます。

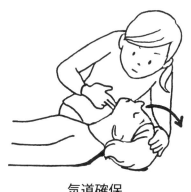

気道確保

不規則な動きがある場合は,呼吸していても「呼吸なし」と判断します。

⑤ 胸骨圧迫

「呼吸なし」と判断した場合は,胸骨圧迫を開始します。胸骨の下半分の中央に片方の手のひらを置き,その手の上にもう一方の手の指を組んで載せます。手と肩をつないだ位置が傷病

・肘はまっすぐ伸ばす
・背骨に向かって垂直に圧迫

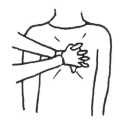

手の付け根で圧迫する

胸骨圧迫

5 章　ウォーキング実践における傷害の予防と応急処置

者と垂直になるよう両腕を伸ばし，胸が約 5cm 沈み込む強さ
で胸骨を圧迫します。圧迫の速さは 1 分間に 100 〜 120 回／
分を目安とします。

2)　AED（自動体外式除細動器）使用の手順（図 5）

①　AED を準備する

②　電源を入れる

電源ボタンを押すタイプと，ふたを開けると自動的に電源が
入るタイプがあります。

③　電極パッドを貼り付ける

傷病者の衣服を取り除き，電極パッドを貼り付けます（電極
パッドの貼付位置は説明書に記載）。

④　心電図の解析

電極が装着されると，「患者から離れてください」の音声メ
ッセージとともに心電図の自動解析がはじまります。正確な心
電図解析のため，他の人が傷病者に触れないようにします。

⑤　電気ショックと心肺蘇生の開始

心電図解析後，電気ショックが必要な場合は，「電気ショッ
クが必要です」といった音声メッセージが流れ，自動的に充電
が開始されます。充電完了後，電気ショックの指示がでますの
で，傷病者に触れていないことを確認し，ショックボタンを押
します。

⑥　心肺蘇生と AED の繰り返し

一度の電気ショックでは正常な心拍に戻ることは少ないため，
その後は速やかに胸骨圧迫を再開します。

69

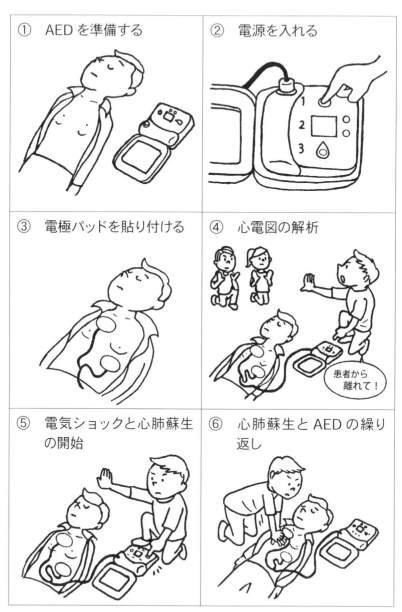

図5　AED（自動体外式除細動器）使用の手順

5章　ウォーキング実践における傷害の予防と応急処置

一方,「ショックは不要です」という音声メッセージが出た場合も胸骨圧迫は繰り返しおこないます。

心肺蘇生と AED の繰り返しは, 2 分おきに電気ショック→心肺蘇生→心電図解析の順でおこないます。

⑦　救急隊員や救助者（熟練者）への引き継ぎ

⑥の途中で救急隊員や救助者（熟練者）が到着した場合は, 電極を装着したまま引き継ぎます。

(2)　RICE 処置

ウォーキング中の外傷で出血が見られる場合は, 止血や消毒などにより対処できますが, 捻挫, 筋肉の断裂, 骨折等では内出血の疑いがあるため, 目で確認できない場合が多くあります。その際は RICE 処置を施します（図 6）。

RICE とは,

①　安静（Rest）

②　冷却（Icing）

③　圧迫（Compression）

④　挙上（Elevation）

の 4 つの頭文字をとったものです。通常は炎症症状が改善する期間（1〜3 日程度）おこないます。

①　安静（Rest）

傷害を受けた部位は安静に保つようにします。副木やテーピングなどを使うことで部位を固定し, 動かさないことで痛みや腫れを防ぐことができます。

②　冷却（Icing）

71

傷害を受けた直後は部位を冷却します。冷却は，氷のうやビニール袋の中に氷を入れておこなう方法が一般的ですが，長時間おこなうと凍傷を起こす可能性もあるため，冷水による冷却が奨められています。

③　圧迫（Compression）

傷害を受けた部位の内出血や腫れを抑えるため，弾性包帯などで適度に圧迫します。ただし，部位の周囲をすべて圧迫すると血流が悪くなる可能性があるので，必要以上に圧迫しないよう注意が必要です。

④　挙上（Elevation）

傷害を受けた部位を心臓より高く挙上する（挙げる）ことで，止血や腫れを抑えることができます。腫れが続くうちは夜間なども挙上しておくことが奨められます。

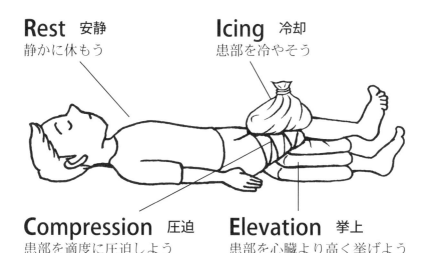

図6　RICE処置

5章　ウォーキング実践における傷害の予防と応急処置

Column **3**　· ·

ウォーキングは「生きること」から「競うこと」まで幅広い！

　寝たきりの人が歩けるようになると，「生きている」ことを実感するようになります。このことは大変大きな変化です。

　また，普段の歩行は「移動手段」，健康的な生活をしていく上で「ウォーキング」へと少しずつ強度が上がっていきます。

　そして，究極は「競うこと」を目的とした競歩があります。陸上競技のオリンピック種目（男女）にもあります。その歴史は，一説によるとローマ時代までさかのぼるとか。改めて「ウォーキングは深い」と感じます。

· ·

Walking

付　　録

ウォーキングプログラム（低体力者用）

ウォーキングプログラム（中体力者用）

ウォーキングプログラム（高体力者用）

ウォーキングプログラム（低体力者用）

- 00分 — 体調のチェック（自覚的症状、血圧、心拍数）
- 10分 — ウォームアップ（関節可動域、ストレッチング）
- 20分 — ウォーキング（運動強度：続けて歩ける速さを決める）
- 30分 — クールダウン（ストレッチング）／体調のチェック（自覚的症状、血圧、心拍数）

付　録

ウォーキングプログラム（中体力者用）

- 体調のチェック（自覚的症状，血圧，心拍数）
- ウォームアップ（関節可動域，ストレッチング）
- 筋力トレーニング（臥位もしくは座位姿勢）
- ウォーキング（運動強度：RPE12程度を持続）
- クールダウン（ストレッチング）
  体調のチェック（自覚的症状，血圧，心拍数）

00分 / 20分 / 40分 / 60分

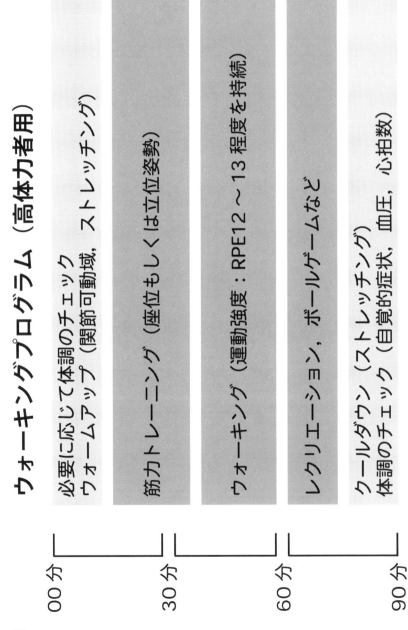

参考文献

公益財団法人健康・体力づくり事業財団『健康運動実践指導者養成用テキスト』2016年。

財団法人日本体育協会監修『中高年者の元気長寿のための運動プログラム』2010年。

小出清一，福林徹，河野一郎編『スポーツ指導者のためのスポーツ医学』南江堂，2000年。

小出清一『スポーツ外傷・障害Q&A』南江堂，1995年。

大渕修一『自分でできる介護予防—高齢者の介護予防支援ガイドブック—』厚生出版社，2005年。

Li Q, et al. "Forest bathing enhances human natural killer activity and expression of anti-cancer proteins." International journal of immunopathology and pharmacology, 2007, 20:3-8.

『体育学研究』21(4)，日本体育学会，1976年。

一般社団法人日本救急医学会『熱中症診療ガイドライン2015』2015年。

一般社団法人日本蘇生協議会監修『JRC蘇生ガイドライン2015』医学書院，2016年。

厚生労働省ホームページ（http://www.mhlw.go.jp/）。

著者紹介

中村容一

　1964年京都市生まれ。1987年同志社大学卒業後，大塚製薬株式会社にてMR（医薬情報担当者）に10年間従事。2003年筑波大学大学院博士課程体育科学研究科修了。博士（体育科学）。同大学院人間総合科学研究科研究員（COE）を経て，現在，特定非営利活動法人日本介護予防協会理事・専任講師，社団法人ウォーキング協会専任講師，流通経済大学非常勤講師，十文字学園女子大学非常勤講師を兼務。

　専門は「中高齢者の健康づくり」「介護予防の運動」「呼吸器疾患患者の運動」。

　主な著書に，『健康の科学』（金芳堂），『スポーツ健康科学』（文光堂），『中高齢者のための運動プログラム（基本編）』『中高齢者のための運動プログラム（病態別編）』（いずれもNAP），『健康運動のための支援と実際』（金芳堂），『介護予防のための体力測定とその評価』（日本介護予防協会編）等。

本文イラスト・伊東美貴

介護予防のためのウォーキング

2017年11月10日　初版発行	著　　者	中　村　容　一
	発 行 者	武　馬　久仁裕
	印　　刷	藤原印刷株式会社
	製　　本	協栄製本工業株式会社

発 行 所　　　　　　　　　株式会社 黎 明 書 房

〒460-0002　名古屋市中区丸の内3-6-27　EBSビル　☎052-962-3045
FAX 052-951-9065　振替・00880-1-59001
〒101-0047　東京連絡所・千代田区内神田1-4-9　松苗ビル4階
☎03-3268-3470

落丁本・乱丁本はお取替します。　　　　　ISBN978-4-654-07658-1
© Y. Nakamura 2017, Printed in Japan

介護スタッフのための
シニアの心と体によい言葉がけ 5 つの鉄則
斎藤道雄著　A 5・92 頁　1500 円

介護現場のよくない言葉がけと，シニアへの言葉がけ「5 つの鉄則」によるよい言葉がけの例を，35 の場目に即して紹介。介護スタッフ必読！

椅子に腰かけたままでできる
シニアのための脳トレ体操＆ストレッチ体操
斎藤道雄著　B 5・62 頁　1650 円

頭を使いながら体もいっしょに動かす脳トレ体操と，頭からつま先まで効果のあるストレッチ体操をそれぞれ組み合わせた 6 つのメニューを 2 色刷りで紹介。

椅子に腰かけたままでできる
シニアのための筋力アップトレーニング
斎藤道雄著　B 5・62 頁　1650 円

椅子に腰かけたままででき，器具や道具を一切使わずに，特別養護老人ホームなどの要介護シニアにも無理なくできる筋トレを，イラストを交え紹介。2 色刷。

介護レベルのシニアでも超楽しくできる
声出し！　お祭り体操
斎藤道雄著　B 5・64 頁　1600 円

声を出せば誰もが元気に！　楽しい掛け声とともに行う，シニアが超楽しめる体操を 24 種収録。シニアがより楽しめる体操支援のコツも満載。

介護レベルのシニアにも超かんたん！
ものまねエア体操で健康づくり
斎藤道雄著　B 5・64 頁　1600 円

もちつきや和太鼓などの動きをイスに座ってまねするだけ！　その気になって楽しめる体操です。シニアの体の動き方が劇的に良くなる「魔法の言葉」付き。

車椅子の人も片麻痺の人もいっしょにできる
新しいレクリエーション
斎藤道雄著　B 5・64 頁　1650 円

施設などで，車椅子の人も片麻痺の人も自立レベルの人もいっしょにでき，みんなが満足できるレクを 2 色刷りで紹介。シニアが楽しめるゲームや体操，レクが満載。

介護予防のための
一人でもできる簡単からだほぐし 39
斎藤道雄著　A 5・109 頁　1800 円

お年寄りが笑顔で楽しむゲーム＆遊び③　椅子に座って，一人でもできるからだほぐしのやり方を紹介。効果を高めるポイントを明記。すぐに効果を実感できます。

表示価格は**本体価格**です。別途消費税がかかります。

■ホームページでは，新刊案内など，小社刊行物の詳細な情報を提供しております。「総合目録」もダウンロードできます。http://www.reimei-shobo.com/

イスや車イスに座ってできる
転倒防止と寝たきり予防の音楽体操

田中和代監修　田中和代・加藤昌美・品川真理子著　Ｂ５・62頁　2200円

音声ガイド入り音楽CD付き　毎日楽しく歌を口ずさみながらできる転倒予防や寝たきり予防に効果的な10分程の音楽体操2種を収録。

Dr・歯科医師・Ns・PT・OT・ST・PHN・介護福祉士
みんなで考えた高齢者の楽しい介護予防体操＆レク

浜松市リハビリテーション病院病院長・藤島一郎監修　青木智恵子著
Ｂ５・135頁　2600円

介護予防の基礎知識から，転倒予防・えん下障害予防の体操・レク等を紹介。

摂食・嚥下リハビリカルタで楽しく遊ぼう

浜松市リハビリテーション病院病院長・藤島一郎監修　青木智恵子著
Ｂ５・103頁（カラー口絵8頁）　2450円

高齢者やスタッフがカルタを楽しみながら，摂食・嚥下の基礎知識やリハビリの知識を得られる。カラー口絵や本文の絵札をコピーして使用できる大変便利な1冊。

介護予防と転倒予防のための楽しいレクゲーム45

今井弘雄著　Ａ５・102頁　1600円

お年寄りが笑顔で楽しむゲーム＆遊び①　いつまでも健やかに生活できるよう，高齢者の体力・筋力の維持・向上，機能の回復を図る楽しいレクゲーム45種。

新装版　高齢者のための筋力トレーニング
―骨密度を高め，白い筋肉をつくる

鈴木正之著　Ｂ５・149頁　2800円

つまずきや転倒予防のために，とっさの時に瞬発力を発揮する「白い筋肉」を鍛えるトレーニング法を紹介。老化に負けない鈴木式筋力トレーニングのノウハウ満載。

超かんたんフィットネスで介護予防

斎藤道雄著　Ａ５・93頁　1600円

シリーズ・シニアが笑顔で楽しむ⑮　「自立」から「要介護」のシニアまで楽しくできる介護予防のための健康体操34種類を，イラストを交え紹介。

ケアマネジャーのための
アセスメント能力を高める実践シート
―愛介連版アセスメントシートの使い方・活かし方

増田樹郎・愛知県居宅介護支援事業者連絡協議会編著　Ｂ５・117頁　2700円

愛介連が独自に開発したアセスメントシートの活用方法を，事例とともに詳しく紹介。

表示価格は本体価格です。別途消費税がかかります。